Benjamin Pape

Zum Problem der Hierarchie der Sinne

Historische und neuzeitliche Sinnesdefinitionen, -hi
Hierarchisierung

GRIN - Verlag für akademische Texte

Der GRIN Verlag mit Sitz in München hat sich seit der Gründung im Jahr 1998 auf die Veröffentlichung akademischer Texte spezialisiert.

Die Verlagswebseite www.grin.com ist für Studenten, Hochschullehrer und andere Akademiker die ideale Plattform, ihre Fachtexte, Studienarbeiten, Abschlussarbeiten oder Dissertationen einem breiten Publikum zu präsentieren.

Dokument Nr. V81677 aus dem GRIN Verlagsprogramm

Benjamin Pape

Zum Problem der Hierarchie der Sinne

Historische und neuzeitliche Sinnesdefinitionen, -hierarchien und Versuch einer eigenen Hierarchisierung

GRIN Verlag

Bibliografische Information der Deutschen Nationalbibliothek: Die Deutsche Bibliothek
verzeichnet diese Publikation in der Deutschen Nationalbibliografie; detaillierte bibliografische Daten sind im Internet über http://dnb.d-nb.de/ abrufbar.

1. Auflage 2006
Copyright © 2006 GRIN Verlag
http://www.grin.com/
Druck und Bindung: Books on Demand GmbH, Norderstedt Germany
ISBN 978-3-638-87715-2

Zum Problem der Hierarchie der Sinne

*Historische und neuzeitliche Sinnesdefinitionen, -Hierarchien
und Versuch einer eigenen Hierarchisierung*

Hausarbeit im Hauptstudium
Eingereicht von: Benjamin Pape
Eberhard-Karls-Universität Tübingen
Ludwig Uhland-Institut für Empirische Kulturwissenschaft
Seminar: Niedere Sinne. Zur Erforschung vernachlässigter Wahrnehmungsformen
Datum der Abgabe: 28.07.06

Inhaltsverzeichnis

1. Einleitung und Abgrenzung des Untersuchungsgebiets 2
    1.1.   Definition der Sinne 2
    1.2.   Die menschlichen Sinne 3
    1.3.   Qualität der Wahrnehmung 5
    1.4.   Abgeleitete Hierarchien 7
2. Historische Hierarchisierungen 7
3. Versuch einer neuzeitlichen Hierarchisierung 11
    3.1. Prozesse zwischen Urzeitmensch und Kant 12
    3.2. Prozesse im 19. und 20. Jahrhundert 13
    3.3. Einheit der Sinne und mögliche Ausfälle 15
    3.4. Hierarchisierung nach Anteil an der Wahrnehmung 17
4. Fazit 20
Literaturverzeichnis 22

1. Einleitung und Abgrenzung des Untersuchungsgebiets

In dieser Arbeit soll die Hierarchisierung der Sinneswahrnehmungen des Menschen untersucht und bewertet werden. Das Ziel ist, eine empirisch sinnvolle und möglichst aus allen Richtungen betrachtet akzeptable Gewichtung aller Sinne vorzunehmen. Nach einer Abgrenzung des Begriffs der menschlichen Sinne (*Kap. 1.1.* und *1.2.*) sollen zunächst Hierarchien untersucht werden, die in der Vergangenheit existierten und andere, die auch aktuell existieren (*Kap. 2.*). Es soll versucht werden, diese in ihren jeweiligen Kontext einzuordnen und in ihrer Motivation zu verstehen. Schließlich soll eine für die heutige Zeit gültige Hierarchie gefunden werden (*Kap. 3.*). Diese Arbeit verzichtet bewusst auf eine reine Auflistung der gegebenen historischen Hierarchisierungen und eine anschließende Aufzählung der Sinne, die jedem einzeln seine Wichtigkeiten und Unwichtigkeiten attestiert. Vielmehr versucht sie, aus den historischen Entwicklungen sowie den wissenschaftlichen Erkenntnissen und vor allem den bisher begangenen Fehlern zu lernen und eine Antwort auf die Frage zu finden, die in anderen Arbeiten zu diesem Thema durch reine Auflistungen und abschließende subjektive Fazite geschickt umschifft wurde: Welche Sinneshierarchie entspricht aktuell der Realität?

1.1. Definition der Sinne

Alle Lebewesen definieren sich und ihre Umwelt durch ihre Sinnesorgane, über die allein sie ihre Umgebung wahrnehmen und in Interaktion mit ihr treten können. Die Sinneswahrnehmung, speziell die der über größere Entfernungen wahrnehmenden Sinne (siehe dazu *Kap. 2.*) findet dabei über ein Medium statt. „Medien gibt es [...] schon immer. Sie sind die Träger jener Ereignisse, die unsere Sinne beeindrucken – Luft, Licht, Papier, was auch immer. Ohne Medien wären wir voneinander völlig isoliert, es gäbe nur die direkte körperliche Berührung "[1] Die Sinnesorgane sind also die Eingabemechanismen in den Körper, während andere Teile des Körpers wie die Muskeln oder (besonders beim Menschen) die Stimmbänder Ausgabemechanismen darstellen, über die ein Lebewesen auf die über die Sinnesorgane wahrgenommenen und im Gehirn ausgewerteten Informationen reagiert. Ganz ähnliche Prozesse finden wir in der Informatik wieder. Jeder Studierende dieses Faches muss sich zu Anfang mit den Grundlagen der Computer-Hardware auseinander setzen, um seinen eigenen Aktionsrahmen zu erkennen und auf diese Weise nicht falsch auf bestimmte Signale der Geräte zu reagieren. Die Sinnesorgane eines Computers sind z.B. die Tastatur, die Maus, ein Scanner, Mikrofon oder eine Diskette. Der Prozessor ist sein Gehirn, und die verwerteten Informationen werden über den Monitor, Lautsprecher, Dru-

---

[1] KUNST- UND AUSSTELLUNGSHALLE DER BUNDESREPUBLIK DEUTSCHLAND 1994: 356.

cker oder wiederum auf eine Diskette ausgegeben. Dieses dem Säugetier-Wahrnehmungskreislauf ähnliche System erleichtert das Verständnis der Sinne des Menschen, weil er leicht aus größerer Distanz betrachtet werden kann als das System, das einem selbst innewohnt.

Jede Gattung von Lebewesen hat ihre eigenen Sinnesorgane, die an seine jeweilige Umwelt angepasst sind und oft erheblich von dem, was man sich als Mensch mit beschränkten Sinnen vorstellen kann, abweichen. So ist bekannt, dass Fische ein Seitenlinienorgan besitzen, mit dem sie Schwingungen des Wassers in großer Entfernung wahrnehmen können. Gleichzeitig können einige Fische aber keine optischen Signale wahrnehmen, weil sie an eine Umwelt ohne Licht in der Tiefsee oder in Höhlen angepasst sind und keine Augen besitzen. Tauben und viele Zugvögel verfügen über die Fähigkeit, das Magnetfeld der Erde wahrzunehmen und sich somit zu orientieren, und Zitteraale sind in der Lage, Freunde und Feinde anhand der sie umgebenden elektrischen Felder zu unterscheiden. Es existieren viele weitere Arten von mehr oder weniger exotischen Sinnen im Tierreich. Viele Wissenschaftler gehen davon aus, dass die oft beschriebenen übersinnlichen Fähigkeiten mancher (oder in manchen Fällen aller) Menschen auf Überbleibsel der Evolution zurückzuführen sind, die aus tierischen Sinnen herrühren[2]. Dazu zählen auch Telepathie und Präkognition, die rezent weder bei Tieren noch bei Menschen nachgewiesen werden können, jedoch im Volksglauben bei manchen Menschen vorhanden sind. Alle diese Wahrnehmungsformen werden in dieser Arbeit nicht behandelt.

1.2. Die menschlichen Sinne

Der Mensch verfügt zwar über relativ viele, aber oft schwach ausgebildete Sinne (zu Unterschieden in der Wahrnehmungsintensität siehe *Kap. 1.3.*). Unstrittig scheint die Existenz von fünf Sinnen: des Sehens, Hörens, Fühlens, Riechens und Schmeckens. In einigen Werken der Physiologie ist dazu jedoch einiges mehr zu lesen[3]. So seien alle fünf Sinne nur eine Abwandlung der Hautoberfläche, die die jeweilige Sinneswahrnehmung ermöglichen, jedoch durch eine längere Phase der Evolution ebenso an anderen Körperstellen von anderen Hautpartien ausgebildet werden könnten, wenn dies vorteilhaft wäre. So sei die Zunge lediglich ein Hautfortsatz mit erweiterter Wahrnehmung, der zudem noch von der Nase unterstützt werden müsse, um dem Gehirn einen Geschmack zu signalisieren. Die Nase selbst verfüge über Sinneszellen, die in den letzten Generationen zunehmend schwächer ausgebildet seien; bei fortschreitender (durch den zivilisatorischen Fortschritt abschwächender) menschlicher Evolution sei eine weitere Abschwächung des

---

[2] Eine Ausführung dieser These und mögliche Beweise für die Existenz eines sechsten Sinns beim Menschen finden sich in einer Veröffentlichung der Washington University: http://news-info.wustl.edu/news/page/normal/4767.html
[3] z.B. SCHMIDT/SCHAIBLE 2006; GEGENFURTNER 2004.

Geruchssinns am ehesten zu erwarten. Das Trommelfell mit der Ohrmuschel, das dem Mensch die Wahrnehmung von Tönen ermöglicht, sowie die Netzhaut, die elektromagnetische Reize wahrnimmt, seien Abwandlungen der Hautoberfläche, die evolutionistisch am weitesten von der ursprünglichen Hautoberfläche entfernt seien. Jedoch seien auch sie noch in der Lage zu einer Fortentwicklung (siehe dazu *Kap. 1.3.* und *Tab. 1*).

Die Physiologie unterscheidet weitere Sinne[4], worunter vor allem der Gleichgewichtssinn nennenswert ist. Dieser in der Ohrhöhle angesiedelte Sinn ermöglicht die Wahrnehmung der eigenen Körperhaltung und ermöglicht so eine Orientierung im Raum. Tatsächlich findet der Gleichgewichtssinn durch ein eigenes Gleichgewichtsorgan im Innenohr statt, ferner jedoch über Wahrnehmungen des Auges, der Muskulatur und Gelenke (die muskelkontraktions- und reibungsfreie Bewegungen des Körpers wahrnehmen können), des Gehörs und des Tastsinns. Die Tatsache, dass der Gleichgewichtssinn zum Teil über ein eigenes Organ wahrgenommen und im Kleinhirn gesondert ausgewertet wird, gibt Anlass zu der Frage, ob er nicht als ein eigener Sinn in die Sinneshierarchie aufgenommen werden sollte. Als Gegenargument wäre zu nennen, dass er kulturell nicht bewertet wird und in den meisten Hierarchien ohnehin auf dem letzten Platz landen würde, da er primär dem Überleben und der Orientierung des Menschen in der Natur dient und in der zivilisierten Welt aufgrund möglicher Hilfestellungen durch Technik und Pflegedienste ersetzbarer ist als jeder andere Sinn. Er wird deshalb in dieser Arbeit nicht gesondert berücksichtigt, jedoch hiermit als „sechster Sinn" vor allen übersinnlichen und weiteren physiologischen Sinneswahrnehmungen eingestuft.

Eine erweiterte Form des Gleichgewichtssinns sieht die Physiologie in der so genannten kinästhetischen Wahrnehmung, die eine Eigenwahrnehmung des Körpers und seiner Bewegungsrichtung ermöglicht. Diese Erfahrung ist vielen durch Fahrten in PKW, Zügen usw. bekannt; so ist besonders vor oder nach dem Schlafen in einem sich bewegenden Fahrzeug die Bewegungsrichtung meist deutlich zu spüren, auch wenn keine Kurve den Körper an eine begrenzende Wand drückt. So betrachtet ermöglicht der Gleichgewichtssinn besonders in Unterstützung durch die anderen Sinne und die Muskeln und Gelenke eine Wahrnehmung kinetischer Energie und ihrer Richtung, die ein Körper zeitweise innehat. Jedoch wird auch dieser Sinn aufgrund seiner diffusen Wahrnehmung im Körper und seiner relativen Unnötigkeit nicht in dieser Arbeit behandelt.

Der Vollständigkeit halber sei noch die wissenschaftlich gesondert geführte Wahrnehmung von Temperatur und Schmerz genannt. Diese werden besonders bei vielen Tieren außer über die Haut auch von tiefer unter der Haut liegenden Sensoren registriert. Beim Mensch hat diese zurück entwickelte Wahrnehmung jedoch keine Bedeutung gegenüber der der Haut. In einer Quel-

---

[4] Ebd. und WFI („Sinn (Wahrnehmung)").

le[5] ist auch von einem Sinn für die Zeit zu lesen, außerdem seien die primären und sekundären menschlichen Geschlechtsorgane bereits zu einem Stadium entwickelt, in dem man durchaus über eine Art der Sinnesempfindlichkeit reden könne, da sie erotische Reize wahrzunehmen in der Lage sind[6].

Die klassische Fünfzahl der menschlichen Sinne ist also genau genommen nicht wissenschaftlich begründbar. Vielmehr handelt es sich um eine kultische bis religiöse Tradition der meisten Kulturen, dem Mensch fünf Sinne zuzuordnen. Robert Jütte schreibt dazu: „Nicht nur in der abendländischen Tradition ist die Fünfzahl der Sinne fest verankert. Auch in Indien und in China legte man sich bereits früh auf diese Zahl wegen ihrer Symbolik fest."[7] Es ist also zwecklos, mehr als die klassischen fünf Sinne ordnen zu wollen, da dies historisch-wissenschaftlich keinerlei unterstützende Argumente finden würde. Aus diesem Grund behandelt diese Arbeit trotz der gegebenen biologischen Grundlagen nur die von allen Seiten anerkannten fünf „klassischen" Sinne.

1.3. Qualität der Wahrnehmung

Nachdem eine Abgrenzung der Quantität der Sinne vorgenommen, ihre Anzahl also auf fünf reduziert wurde, soll jetzt kurz auf die qualitativen Aspekte der Wahrnehmung eingegangen werden. Es existieren große Unterschiede in der Menge der aufgenommenen Daten. So ist in Internetquellen zu lesen, dass die Menge der wahrgenommenen Informationen über die fünf Sinne in logarithmischer Abstufung statt findet. Danach werden „über den Gesichtssinn pro Sekunde etwa 10 Millionen Bit aufgenommen, über den Tastsinn etwa 1 Million Bit, über den Gehörsinn etwa 100000 Bit, über den Geruchssinn etwa 100000 Bit und über den Geschmackssinn etwa 1000 Bit"[8]. Das Problem liegt hier in der Umrechnung in Bits. Ein Bit ist in der Informatik eine Ja-Nein-Entscheidung oder die Information, ob es sich um eine 1 oder eine 0 handelt. Könnte das Auge also nur Schwarz oder Weiß wahrnehmen, wären es nach dieser Information pro Sekunde zehn Millionen Bildpunkte, die auf das Auge einströmen. In Wirklichkeit ist das Auge in der Lage, etwa 40000 Farben zu unterscheiden, wofür pro Bildpunkt etwa sechs Bit notwendig sind[9]. Diese Farbwahrnehmung wird im Auge über die sogenannten Zäpfchen vorgenommen, während eine zweite Form von Sinnesorganen des Auges, die Stäbchen, Hell-Dunkel-Kontraste wahrnehmen. Der Einfachheit halber rechnen wir hier mit vier Bit für die Kontrastunterscheidung, was 256 Helligkeitsstufen entspricht. Insgesamt unterscheidet das Auge zehn Millionen Bit pro Sekunde, also nach unserer vereinfachenden Rechnung etwa eine Million Bildpunkte, die

---

[5] KUNST- UND AUSSTELLUNGSHALLE DER BUNDESREPUBLIK DEUTSCHLAND 1994.
[6] SCHMIDT/SCHAIBLE 2006.
[7] JÜTTE 2000: 65.
[8] Quelle: WFI („Sinn (Wahrnehmung)")
[9] 6^6 (Sechs hoch Sechs) Ja-Nein-Entscheidungen ergeben 46656 Unterscheidungen.

auf das Gesichtsfeld verteilt werden. Das entspricht in etwa der Fähigkeit des Tastsinns, Informationen zu verarbeiten, jedoch ist der Tastsinn auf den gesamten Körper verteilt.
In der Natur macht es mehr Sinn, anstelle des Vergleichs der quantitativen Sinneswahrnehmung deren rezeptive Bereiche zu vergleichen[10]. So ist der Mensch in der Lage, über das Auge elektromagnetische Strahlung mit einer Wellenlänge von 360 bis 760 nm wahrzunehmen. Unterhalb dieses Wellenlängenbereichs sind beispielsweise einige Fledermausarten in der Lage, ultraviolettes Licht wahrzunehmen, das für den Mensch unsichtbar ist. Oberhalb von 760 nm beginnt ein Strahlungsbereich, den der Mensch stattdessen über die Haut als Wärmestrahlung wahrnimmt. Sehr viele Tierarten nehmen den genannten Strahlungsbereich gar nicht als Farben wahr, sondern nur als Abstufungen der Helligkeit, als schwarzweiße Farben.
Im genannten Zitat werden auch dem Gehör- und dem Geruchssinn etwa 100000 Bits pro Sekunde bescheinigt. Aufgrund der relativen Konzentriertheit der Gehör- und Geruchswahrnehmung auf einen kleinen Körperbereich kann man hier eindeutig von einer intensiven Wahrnehmung sprechen. Der Gehörsinn ist in der Lage, einen bestimmten Bereich von Schallwellen mit einer Wellenlänge zwischen 20 Hz und 19 kHz wahrzunehmen, während beispielsweise Fledermäuse in der Lage sind, bis zu 200 kHz zu hören und in diesem Tonbereich, unhörbar für mögliche Beutetiere, zu kommunizieren oder mittels Echoortung unbemerkt zu observieren. Auch der Geruchssinn ist beim Menschen schlecht ausgeprägt, was im Vergleich mit Hunden deutlich wird. Man kann keinen bestimmten Wahrnehmungsbereich festlegen, jedoch die Anzahl der Sinneszellen bestimmen. Der Mensch verfügt über etwa fünf Millionen Riechzellen, während ein Schäferhund etwa 220 Millionen davon besitzt. Nimmt ein Mensch also nur 100000 Bits pro Sekunde über den Geruchssinn wahr, arbeiten nur 2% seiner Riechzellen gleichzeitig. Ein Schäferhund dagegen benutzt alle Riechzellen zur gleichen Zeit, atmet schneller und nimmt auf diese Weise ganz erheblich mehr Geruchseindrücke wahr als der Mensch. Ähnlich verhält es sich mit vielen anderen Tierarten.
Die im Zitat genannte Tatsache, dass der Geschmackssinn etwa eintausend Bit pro Sekunde wahrnehmen kann, liegt in der schon genannten Unterstützung durch den Geruchssinn begründet. Der Geschmackssinn unterscheidet nur die sechs Grundqualitäten süß, sauer, salzig, bitter, fettig und fleischig/herzhaft. Dafür stehen ihm etwa 400000 bis 800000 Sinneszellen zur Verfügung, die jedoch nie alle gleichzeitig angesprochen werden. Um zwischen den sechs Grundqualitäten zu unterscheiden, die nie alle zusammen wahrgenommen werden, reichen ein bis zwei Bit. Es arbeiten also immer nur ein- bis zweitausend Sinneszellen zur gleichen Zeit. Der Geschmackssinn ist in der Tierwelt am geringsten wissenschaftlich untersucht worden, weshalb Vergleiche zur tierischen Geschmackswahrnehmung derzeit fehlen.

---

[10] Quelle des Abschnitts über rezeptive Bereiche: ROSNER 2004 und WFI („Sinn (Wahrnehmung)")

1.4. Abgeleitete Hierarchien

Aus den genannten Fakten lassen sich bereits zahlreiche Sinneshierarchien ableiten. So ist zunächst eine Reihenfolge nach der quantitativen Wahrnehmung (in der Skala nach Bits) aufstellbar (siehe *Tab. 1*). Ferner macht eine Reihung der Sinne nach evolutiver Entfernung vom Ausgangszustand, der glatten Haut, Sinn (*Tab. 1*). Diese ist jedoch spekulativer, da sich keine definitiven Aussagen über den Verlauf der bisherigen Evolution treffen lassen. Es steht jedoch außer Zweifel, dass das Ohr das genetisch älteste Organ des Menschen ist (u.a. sichtbar am innerhalb des Ohrs entwickelten Gleichgewichtsorgans), wenn es auch von den vorangehenden Lebensformen, den Fischen, in anderer Weise ausgeprägt war.

1. Nach Quantität der Wahrnehmung	
Sinn	**Merkmal**
Gesichtssinn	10 Mio. Bit
Tastsinn	1 Mio. Bit
Geruch + Gehör	100000 Bit
Geschmackssinn	1000 Bit

2. Nach evolutivem Fortschritt	
Sinn	**Merkmal**
Gehörsinn	Sehr komplex
Gesichtssinn	Komplex
Geruchssinn	Entwickelt
Geschmackssinn	„Hautfortsatz"
Tastsinn	Ausgangszustand

Tab. 1: Sinneshierarchien 1 und 2.

Zu 1: Aufgrund des etwa gleichen Niveaus von Geruchs- und Gehörsinn liegen diese gleichauf, es gibt nur vier Hierarchiestufen.

Weitere Hierarchien auf biologischer Basis werden hier nicht weiter aufgeführt, da sie im kulturellen Kontext wenig Sinn machen. So wäre beispielsweise eine Hierarchisierung nach der Größe der Sinnesorgane möglich, was den Tastsinn an erste Stelle setzen würde. Auch eine mit der übrigen Lebewelt vergleichende Hierarchisierung ist möglich; so könnte man den jeweiligen Wahrnehmungsbereich des Menschen in Bezug zu den Extrema im Tierreich setzen und das hierbei am stärksten abschneidende Organ an erste Stelle setzen.

2. Historische Hierarchisierungen

Viele Philosophen und Wissenschaftler haben sich in der Vergangenheit Gedanken gemacht, in welcher Reihenfolge eine Aufzählung der menschlichen Sinne zweckmäßig erscheint und ob

sich die Sinne in Gruppen aufteilen lassen. Um das historische eurozentrische Verständnis der Sinne und ihrer Bedeutung aufzuzeigen, seien diese Hierarchisierungen hier aufgeführt. Der französische Philosoph Charles de Bouelles (auch Bouvelles geschrieben) stellte zu Anfang des 16. Jahrhunderts einige Sinnesnennungen und Hierarchien auf, die ihm bis dahin in der Literatur auf- oder selbst eingefallen waren[11]. So unterscheidet er die Sinne nach allgemeinen, bei allen Lebewesen vorhandenen Sinnen und besonderen Sinnen, die nur dem Menschen in dieser Form eigen sind. Er stellt damit zwei Kategorien nebeneinander, deren Zuordnung zu den Sinnen jedoch stark vom Stand der Wissenschaft abhängt. Eine ganze Reihenfolge ergab sich aus der Lage am Körper – er ging davon aus, dass die wichtigsten Sinne die höchste Lage am Körper erhalten haben (siehe *Tab. 2*). Diese Hierarchie resultiert aus einer Mischung religiösen und prädarwinistischen Weltverständnisses und ist heute zweifelsfrei überholt. Außerdem verfasste er die eher biologisch motivierte Unterscheidung zwischen einfach und doppelt vorhandenen Sinnesorganen (siehe *Tab. 2*), wobei er davon ausging, dass die wichtigen Sinne mit mehr Organen wahrgenommen werden. Diese Einteilung weist Mängel auf, da sie die Haut, obwohl sie das größte Organ des Körpers ist, nur als ein einzelnes Organ ansieht – man hätte auch die beiden Hände, die den Tastsinn im engeren Sinn beherbergen, als doppeltes Organ zählen können. Die Einordnung der Nase in die Gruppe der doppelt vorhandenen Sinnesorgane ist ebenso fraglich, da sie nur durch die Nasenscheidewand aus zwei Teilen besteht – diese Trennwand aber nur das eine Organ in zwei Hälften teilt, um beispielsweise den Verdunstungsverlust niedriger zu halten.

3. Nach Lage am Körper	
Sinn	Merkmal
Gesichtssinn	Höchste Position
Gehörsinn	Seitliche Ergänzung
Geruchssinn	Mittlere Position
Geschmackssinn	Untere Position
Tastsinn	Abgesetzt (Hände)

4. Einzelne/Doppelte Sinnesorgane	
Sinn	Merkmal
Gesichtssinn, Gehörsinn, Geruchssinn	Doppelte Organe
Geschmackssinn, Tastsinn	Einzelne Organe

Tab. 2: Sinneshierarchien 3 und 4.

Lange vor Bouelles legte der persische Arzt Avicenna Anfang des 11. Jahrhunderts eine Reihenfolge fest, die die Nützlichkeit der Sinne für das menschliche Überleben widerspiegelte und an der man deutlich erkennen kann, dass sie bereits zu Bouelles Zeiten in Europa nicht mehr gültig war (siehe *Tab. 3*)[12]. Avicenna bezeichnet den Tast- und Geschmackssinn als unentbehrlich für die Nahrungserkennung und -suche. Das entspricht den später gemachten Erkenntnissen der For-

---

[11] JÜTTE 2000: 69ff.
[12] Ebd. 70.

schung, wonach die Funktion der Zunge zur Geschmackserkennung lediglich dazu dient, beispielsweise giftige (bittere) und nahrhafte (süße, fettige) Stoffe zu unterscheiden und somit das Überleben möglichst lange zu sichern. Eine Vorstufe zum Geschmack ist der Tastsinn, der gefundene Nahrung zunächst auf Konsistenz und ähnliche Erfahrungs-Indikatoren untersucht. Avicenna erkannte andere Sinne als überflüssig für einen Menschen, der sich wie die Vorfahren des Homo sapiens von pflanzlicher Nahrung ernährt und noch über den Geruchssinn mit Artgenossen kommuniziert. Avicennas Erkenntnisse wurden im 13. Jahrhundert vom italienischen Philosophen Thomas von Aquin aufgegriffen und in einer gleichen Reihung für das Abendland bestätigt.

Die letzte hier zu nennende Hierarchie ist zugleich die älteste; sie stammt vom griechischen Philosophen Aristoteles aus dem vierten Jahrhundert vor Christus (siehe *Tab. 3*)[13]. Aristoteles unterscheidet ähnlich Avicenna in die Gruppen der mittelbaren und unmittelbaren Sinne, wobei die unmittelbaren für ihn den Unterschied menschlicher zu tierischen Lebewesen ausmachen, da sie eine zivilisiert kontaktlose Interaktion mit der Umwelt ermöglichen. Für Aristoteles sind die höchsten Sinne also diejenigen, die Avicenna als die niedrigsten oder überflüssigsten bezeichnet. Es muss jedoch hinzugefügt werden, dass Aristoteles und Avicenna keine explizite Reihung der Sinne vornahmen, sondern sie lediglich in sinnvolle Gruppen einzuteilen versuchen. Deshalb erscheint der genannte Gegensatz stärker, als er vielleicht gemeint ist. Auch ist bezüglich Aristoteles hinzuzufügen, dass für ihn die differenzierte Untersuchung der Gegenstände der Sinne und der wahrnehmenden Organe eigentlicher Forschungsgegenstand war und sich die Ordnung nur nötigerweise ergab. Das wissenschaftliche Verständnis seiner Zeit war jedoch durch Mystik und religiöse Einflüsse geprägt; so ist „nach Aristoteles [...] das Organ des Tastsinns nicht die Haut, sondern das Herz."[14]

Parallel zu Aristoteles beschäftigten sich einige arabische und persische Philosophen mit der Hierarchie der menschlichen Sinne. Weder ihre Ergebnisse noch ihre Argumentationen weichen von denen Aristoteles' und Avicennas deutlich ab, so dass sie hier nicht weiter ausgeführt werden[15].

---

[13] Ebd. 49ff.
[14] Ebd. 52.
[15] Auch diese sind bei JÜTTE 2000 teils detailliert nachzulesen.

5. Nach Nützlichkeit für das Überleben	
Sinn	Merkmal
Tastsinn, Geschmackssinn	Unbedingt nützlich
Gesichtssinn, Gehörsinn, Geruchssinn	Nicht notwendig

6. Nach Mittelbarkeit	
Sinn	Merkmal
Gesichtssinn, Gehörsinn, Geruchssinn	Mittelbare Sinne
Tastsinn, Geschmackssinn	Unmittelbare Sinne

Tab. 3: Sinneshierarchien 5 und 6.

Zuletzt seien noch zwei moderne Hierarchien vorgestellt, die dem heutigen Bild näher kommen und es somit besser verstehen lassen. Der französische Philosoph René Descartes stellte im 17. Jahrhundert die Feinheit der Wahrnehmung in den Vordergrund und hierarchisierte die Sinne nach der Differenziertheit dessen, was sie wahrnehmen können. Diese Einteilung ist sehr subjektiv und beruht jeweils darauf, welche Vorlieben eine Person besitzt. Ein Musiker wird immer den Gehörsinn als den differenziertest wahrnehmenden einstufen, ein Blinder den Tastsinn, ein Genießer den Geschmackssinn, ein Künstler den Gesichtssinn. Bewertet man Descartes' Einteilung mit biologischen Fakten (siehe *Kap. 1.3.*), würde der Gesichtssinn mit einer Aufnahmekapazität von zehn Millionen Bit pro Sekunde den ersten Rang belegen. Aufgrund dieser Subjektivität wird hier auf eine definitive Reihung im Sinne Descartes' verzichtet.

Stattdessen sei die so genannte moderne Einteilung angeführt, die in vielen Lexika als die offizielle dargestellt wird[16]. Sie stammt vom Philosophen Immanuel Kant und damit aus der zweiten Hälfte des 18. Jahrhunderts. Kant untergliedert in Nah- und Fernsinne und reiht diese noch der wahrnehmbaren Entfernung nach. Die die entferntesten Ereignisse wahrnehmenden Sinne sind somit die am höchsten entwickelten. Er entspricht damit in etwa der Einteilung Aristoteles' und untermauert sie mit wissenschaftlichen Erkenntnissen der Zwischenzeit, die ihm auch eine genauere Reihenfolge ermöglichen.

---

[16] z.B. ENCARTA 2005, WFI („Sinn (Wahrnehmung)"); auch JÜTTE 2000 führt diese genauer aus.

7. Nach Reichweite	
Sinn	Merkmal
Gesichtssinn (Fernsinn)	Irdische Reichweite ca. 280 km[17]
Gehörsinn (Fernsinn)	Irdische Hörweite max. 5-10 km[18]
Geruchssinn (Mittelstellung[19])	Gering, max. einige hundert Meter
Tastsinn (Nahsinn)	Reichweite entspricht Körpermaßen
Geschmackssinn (Nahsinn)	Reichweite gleich Null

Tab 4: Sinneshierarchie 7.

Es fällt auf, dass es sich bei den genannten Hierarchien um eurozentrisch oder vorderasienzentrisch aufgestellte Reihungen handelt. In diesen Kulturen hat sich eine Sprache als das vorherrschende Kommunikationsmedium entwickelt, und innerhalb dieser Sprache wurden Begriffe festgelegt, die die optischen und akustischen Sinneseindrücke genau umschreiben können, z.B. Farben, Musik usw. Für andere Sinneseindrücke besteht ein wesentlich weniger differenziertes sprachliches Begriffssystem, das auch nie weiter entwickelt wurde. Aus diesem Grund erfahren die gern als „niedere Sinne" bezeichneten Sinne oft eine kulturelle Unterbewertung. Dass die Sinneshierarchie nicht zwangsläufig wie in Eurasien ausgebildet werden muss, sehen wir an bestimmten mexikanischen Indianerstämmen[20]. Diese haben zusätzlich zu den optischen und akustischen Umschreibungen ihrer Sinneseindrücke auch eine Sprache für Gerüche entwickelt. Bei ihnen ist es also wesentlich unwahrscheinlicher, dass sie ihre Nase als ein niederes Sinnesorgan einstufen würden.

3. Versuch einer neuzeitlichen Hierarchisierung

Allen in *Kap. 2* genannten Hierarchien ist gemeinsam, dass sie versuchen, wichtige und unwichtige Sinne zu trennen. Es fällt auf, dass oft niedere und höhere Sinne unterschieden werden, die Argumentationen jedoch teilweise sogar entgegen gesetzt verlaufen. Das deutet auf die kulturelle

---

[17] Quelle: WFI („Sichtweite"). Gilt für außergewöhnlich klare Tage mit sehr trockener Luft auf der ganzen Strecke. Im Weltraum ist die Sichtweite unbegrenzt, wird aber durch die Faktoren Zeit und Masse großer Körper in der Bahn des Lichts begrenzt, die beide eine Ablenkung der Lichtbahn hervorrufen können.
[18] Gilt für ein Gespräch von 40-50 dB und sehr klare Luft, die es auf der Erde nur in den Polgebieten gibt. Die Schallübertragung hängt sehr stark vom Wind ab. Im irdischen Rahmen hängt sie auch von der Lautstärke ab; so sind größere geologische Ereignisse meist um die halbe Erde akustisch registrierbar. Da Kant aber für den „Hausgebrauch" argumentiert, sind solche Spitzfindigkeiten irrelevant.
[19] Da die Reichweite des Geruchssinns erheblich unter der der beiden eigentlichen Fernsinne liegt, aber auch deutlich über der der Nahsinne, ordnet Kant ihm eine Mittelstellung zu, die weder Fern- noch Nahsinn entspricht. Die angegebene Reichweite von einigen hundert Metern wird nur selten durch Unterstützung des Windes und eines sehr intensiven Geruchs erreicht (z.B. Salzgeruch in Meeresgebieten).
[20] Relativ kurz erwähnt in KUNST- UND AUSSTELLUNGSHALLE DER BUNDESREPUBLIK DEUTSCHLAND 1995.

Prägung der Einordnung eines Sinnes in ein Präferenzsystem. Während Avicenna in der vorderasiatischen Kultur die Wichtigkeit der hierzulande als niedrig bezeichneten Sinne für das menschliche Überleben konstatierte, versuchten sich europäische Philosophen daran, die Wichtigkeit höherer Sinne für die „höhere Erkenntnis" zu betonen, um den Intellekt des Menschen im allgemeinen und ihren eigenen im besonderen hervorzuheben. Man könnte darin einen Versuch sehen, sich von tierischen Verhaltensweisen zunehmend abzugrenzen und darauf zu bestehen, dass der Mensch anstelle von Instinkten über Verstand verfügt und mittelbare Kommunikation ihm genügt, um zu überleben. Für eine der Neuzeit entsprechende Hierarchisierung ist jedoch zunächst eine Untersuchung der Prozesse notwendig, die seit der Entstehung des Homo sapiens bis zum heutigen Status Quo geführt haben.

3.1. Prozesse zwischen Urzeitmensch und Kant[21]

Stellen wir uns also den gerade entstandenen modernen Menschen vor. Er steht gerade zwischen der Zeit der olfaktorischen Kommunikation (beispielsweise über Gerüche, die von den Geschlechtsorganen abgegeben werden) und der sich entwickelnden Sprache, zwischen der Jäger- und-Sammler-Wirtschaft und der beginnenden Kultivierung von Pflanzen und Tieren. In diesem frühen Stadium der Menschheit ist eine Hierarchisierung der Sinne nach Geschlechtern sinnvoll. Während beim Mann bereits Avicennas Reihung durchaus zutrifft, spielen für die Frau durch die Aufzucht und Beaufsichtigung von Nachwuchs vor allem die Nase und die Augen eine wichtige Rolle. Die Nase ist dort so wichtig, weil Mutter und Kind sich am Geruch erkennen und auch Krankheiten so diagnostiziert werden. Der Mann benötigt für die überwiegende Sammeltätigkeit hauptsächlich seinen Tast- und Geschmackssinn.

Urzeit-Frau	
Sinn	Merkmal
Geruchssinn	Krankheiten, Kind
Gesichtssinn	
Tastsinn	Kind, Nahrung
Gehörsinn	Kind
Geschmackssinn	Nur Nahrung

Urzeit-Mann	
Sinn	Merkmal
Geschmackssinn	Sammeln
Tastsinn	
Gesichtssinn	Jagd
Gehörsinn	
Geruchssinn	

Tab. 5: Geschlechtsspezifische Sinnesreihung beim Urzeit-Menschen

---

[21] Zusammengefasst nach dem REFERAT

Auf dem Weg hin zu Kants Zeiten verlor der geschlechtsspezifische Unterschied mit zunehmender Zivilisation und damit menschlicher Kooperation und Kommunikation stark an Bedeutung. Der Gesichtssinn wurde immer wichtiger, vor allem ab der Zeit, in der die Menschheit einen relativen Wohlstand erreicht und es damit nicht mehr nötig hatte, sich ausschließlich um das Überleben zu kümmern. Es entstanden die Kunst, die Religion, die Mode und auch die Neider, die nicht mit dem Fortschritt mithalten konnten und somit unterdurchschnittlich arm waren – auch auf sie musste fortan mittels des Gesichtssinns geachtet werden, da sie eine kriminelle Gefahr für den Wohlstand darstellten, indem sie stahlen oder gefälschte Handelsgüter und Münzen in Umlauf brachten. Im 15. Jahrhundert kam der Buchdruck hinzu, der eine visuelle Vermittlung von Wissen ermöglichte und damit die Wichtigkeit der Augen unterstützte. Aus diesen Gründen war es schnell soweit, dass der Gesichtssinn den ersten Platz unter den Sinnesorganen erreicht hatte – wenn auch, so weit sei schon vorweg gegriffen, kein Vergleich zur Neuzeit gezogen werden sollte, wo der Gesichtssinn einen noch wesentlich größeren Vorsprung genießt.

Die Entwicklung der Sprache brachte den Gehörsinn schnell auf den zweiten Platz der Reihenfolge. Sprache ist ein Ausdruck der Kultur und ein Mittel zur Kommunikation zwischen den Menschen, die einen fortgeschrittenen Wohlstand und eine Arbeitsteilung mit Absprache ermöglicht. Schon früh galt der Gehörsinn als der soziale Sinn, der bei Verlust den betreffenden Menschen isoliert. Geruchs-, Tast- und Geschmackssinn reiht Kant nach ihrer Reichweite. Dies hat keinen kulturellen Hintergrund und ist mit fortschreitender Zeit immer weniger eine allgemeingültige Regel für die Gesamtmenschheit, sondern wird eher von jedem individuell festgelegt. Während der Geruchssinn mehr und mehr ins soziale Abseits gerät, da man mit Gerüchen meist negative Eindrücke verbindet und schnell sogar soweit kommt, natürliche Gerüche künstlich zu überdecken, erleben Tast- und Geschmackssinn mit kulinarischen und künstlerischen Fortschritten ein Erstarken. Letztendlich ist die Reihung der Sinne wie schon dargelegt ein Spiegelbild der Kultur, in der sie festgelegt wird; beispielsweise ist nicht in jedem Kulturkreis der Geruchssinn so „verpönt" wie in Mitteleuropa.

3.2. Prozesse im 19. und 20. Jahrhundert

Die letzten beiden Jahrhunderte sind vor allem durch eine weitere Aufwertung des Gesichtssinns geprägt gewesen. Der Aufstieg der bürgerlichen Kultur im 19. Jahrhundert brachte vor allem eine Aufwertung für die bis dahin eher stigmatisierten niederen Sinne[22]. So waren die bürgerliche Handwerkskunst anfass- und die bürgerliche Küche schmeckbar. Üble Gerüche verschwanden von den Straßen, stattdessen breitete sich der Geruch der Industrialisierung in den Städten

---

[22] These von Eva BARLÖSIUS nach REFERAT, in vielen Details leicht zu bestätigen.

aus, und die Bürger und zuvor übel riechenden Bauern wurden zu Fabrikarbeitern. Der Gehörsinn gewann an ungewollter Bedeutung, als der industrielle Lärm, der anfangs niemanden tangierte, zu einem wachsenden Störfaktor für die Gesellschaft wurde. Im 20. Jahrhundert war ein ähnlicher Effekt mit den Autobahnen zu beobachten, die bis in die 60er-Jahre hinein als Symbol für Fortschritt sogar einen Autobahntourismus („Picknick an der Autobahn"[23]) erlebten, später aber immer mehr als Lärmfaktor kritisiert und gemieden wurden.

An die Industrialisierung schloss sich die Dienstleistungsgesellschaft an, in der Augen und Ohren eine wichtige Rolle für die Interaktion mit Handelspartnern spielen. Der in der Hierarchie wichtiger werdende Gehörsinn gewinnt durch die Verbreitung von Radios als Informationsquellen in entlegenen Gebieten sowie Telefonen an zusätzlicher Bedeutung. Parallel zur Dienstleistungsgesellschaft entsteht in Europa im 20. Jahrhundert die moderne Wissens- und Konsumgesellschaft. Immer mehr Informationen werden seit dem 19. Jahrhundert visuell und audiovisuell vermittelt, sei es durch Vorträge oder Präsentationen an Schulen, Universitäten oder anderen Lehranstalten.

In den vergangenen Jahrzehnten untersuchen spezielle Museen und Kulturwissenschaften auch die anderen Sinne, die in der Konsumgesellschaft stark an Bedeutung verloren. Speziell der in der Hierarchie regelmäßig ganz vorne oder ganz hinten auftauchende Tastsinn erhält danach einen fraglichen Status; unter anderem auch deshalb, weil man sich bei Hierarchien nicht darüber geeinigt hat, wie viele der über welche Sinne unbewusst oder beiläufig aufgenommenen Informationen in die Hierarchien einfließen sollen. Aufgrund der nicht geklärten Lage der drei übrigen Sinne werden die sie betreffenden Prozesse des 19. und 20. Jahrhunderts hier nicht weiter behandelt, u.a. da sie auch für die angepeilte Sinneseinteilung keine Rolle spielen.

Der Anteil der nur im Kurzzeitgedächtnis festgehaltenen Informationen des Hörers und Sehers eines Vortrags sinkt, umso mehr Sinneskanäle eine Präsentation anspricht[24]. Stattdessen werden Informationen ins Langzeitgedächtnis übernommen und sind so wesentlich länger zum Abruf verfügbar. So ist bereits die Ergänzung des Gesehenen durch Gehörtes sinnvoll, um dem Konsumenten ein stärker wirkendes Erlebnis zu ermöglichen. „Klang kann menschliche Gefühle auf eine intensivere Ebene anheben als das Sehvermögen alleine"[25], stellt Yi-Fun Tuan fest, und Regina Bendix konstatiert speziell die „Musik als stimmungsverändernde[s] oder intensivierende[s] Medium"[26], das also in der Lage ist, die größtmögliche Menge an Gefühlen freizusetzen. Diesen und darauf aufbauende Effekte macht sich in der modernen Konsumgesellschaft das

---

[23] NIEBUHR 2005 zeigte Fotos von Familien der 60er Jahre in Sonntagskleidung beim Picknick an der Autobahn A8; dabei sei das Erkennen von Autotypen anhand ihrer Motorengeräusche ein beliebtes Spiel gewesen.
[24] ROSNER 2004 stellte grafisch dar, wie viel Prozent des Inhaltes eines Vortrags am nächsten Tag beim Zuhörer im Gedächtnis geblieben waren. Der Prozentsatz liegt sehr niedrig (um 10-20%) bei rein mündlichen Vorträgen, während bebilderte Vorträge zu bis zu 50% behalten werden. Erst die selbstständige Beschäftigung mit einem Problem erhöht die Rate auf bis zu 90%.
[25] TUAN 1995: 72. Übersetzung BENDIX.
[26] BENDIX 1997: 53.

Fernsehen und speziell die Werbung zunutze, die versucht, möglichst über die vermittelten audiovisuellen und mit Musik untermalten Informationen hinaus weitere Sinne anzusprechen. Das funktioniert zum derzeitigen Stand der Technik aber nur über das Erinnerungsvermögen: so kann ein Fernseher keinen Geschmack oder Geruch wiedergeben, jedoch durch passende Bilder versuchen, den Konsumenten an die entsprechenden Gefühle zu erinnern, falls er sie schon einmal erlebt hat.

Diese Art der Inbeziehungsetzung des Auges zu anderen Sinnen ist nicht durch die moderne Reklame erfunden worden. Schon im 16. Jahrhundert wurden Bilder als damalige Pendants der heutigen Mattscheiben geschaffen, auf denen über das Auge ein Reiz aufgenommen werden sollte, der weitere Sinne und die Erinnerungen an in der Vergangenheit über sie aufgenommene Gefühle ansprach. Hier ist als Beispiel das Ölbild mit dem Titel „Gabrielle d'Estrées und die Duchesse de Villars" aus dem Jahr 1594 zu nennen, das eine Szene zeigt, die beim Betrachter einen erotischen Reiz bei Erinnerung an über den Tastsinn aufgenommene Gefühle auslösen kann. Der Urheber des Werkes ist – entsprechend der konservativen, religiös geprägten Gesellschaft, der er dieses Bild schenkte – namentlich nicht bekannt geworden, denn bis heute ist der Tastsinn in der christlichen Welt der Sinn der Erotik, wenngleich er auch bei der Segnung Anwendung findet und in der Bibel benutzt wird, um Jesu Auferstehung zu verifizieren[27].

Im 20. Jahrhundert änderten sich durch den wachsenden Konsum weniger die Motive, sondern nur die Geschwindigkeit, mit der sie aufgenommen werden mussten. Fernsehen, Kino, bunte Reklametafeln: alles wurde auf Reizüberflutung und wachsende Aufnahmegeschwindigkeiten ausgerichtet. Selbst die heutige Kindergeneration wird mehr auf diesen Konsumiervorgang getrimmt als es vor einem Jahrzehnt noch mit der heutigen Studentengeneration geschah[28].

3.3. Einheit der Sinne und mögliche Ausfälle

Die kostenaufwändige moderne Werbung zeigt deutlich, dass die Sinne nur als Einheit die ganze Welt zum Menschen bringen. Kein Sinn nützt dem Mensch weniger als ein anderer, jedoch bringt der Verlust einer Sinnesfähigkeit einen Nachteil, der abhängig vom betroffenen Sinn mehr oder weniger schwer wiegend sein kann. So wurde von Kant die Behauptung aufgestellt, dass Blindheit zwar von den Dingen isoliert, Taubheit aber von den Menschen. In Anbetracht der Tatsache, dass das Gehör schon seit Erfindung der Sprache der soziale Sinn des Menschen ist,

---

[27] Details dazu siehe in BÖHME 1996: 186 und 190f.
[28] Trotz des geringen Altersunterschieds von nur zehn Jahren ist zu beobachten, dass Kinderfilme der 90er-Jahre auf Harmonie und Kind bleibende Kinder ausgerichtet waren (z.B. mit Gesangseinlagen; „König der Löwen", „Pocahontas"), während die meist computeranimierten Kinderfilme dieser Dekade meist mit aggressivem und erwachsenem Humor aufwarten und mit sehr schneller Sprachgeschwindigkeit und Bildfolge den Geist betäuben; dies fällt vor allem Ausländern auf, denen es unmöglich ist, den schnell gesprochenen Sätzen zu folgen (Beispiele für solche Filme sind „Madagaskar" oder aktuell „Ab durch die Hecke").

kann man dies verstehen. Der im Alter taube Beethoven bezeichnete sich als „mitten unter Menschen allein"[29]. Blinde Menschen sind dagegen oft nicht gehemmt in ihrer intellektuellen Entwicklung, und in der zweiten Hälfte des 20. Jahrhunderts wurden mehr und mehr Einrichtungen geschaffen, um blinden Menschen die Teilnahme am normalen Leben zu ermöglichen, während Taube u.a. meist gesonderte Schulen besuchen müssen, weil sie durch die fehlende Aufnahme von akustischen Sinneseindrücken auch nicht in der Lage sind, eine Sprache zu lernen.

Als Beispiel für den Unterschied zwischen Blindheit und Taubheit sei hier die mittelhessische Stadt Marburg genannt, die Sitz der deutschen Blindenstudienanstalt ist[30]. Die Stadtverwaltung Marburgs hat deshalb besondere Einrichtungen geschaffen, um Blinden die Teilnahme am normalen Verkehr zu erlauben; dazu gehören Fußgängerampeln, die an größeren Kreuzungen unterschiedliche Geräusche von sich geben, Stadtbusse mit besonderen Sitzplätzen und automatischen Stationsansagen und breite Gehwege mit Führungslinien für Blindenstöcke. Die überdurchschnittliche Anzahl blinder Menschen auf der Straße scheint in keiner Weise von den anderen Menschen isoliert; so finden auf den Straßen beispielsweise Unterhaltungen zwischen blinden und nicht blinden Studierenden über die speziellen Einrichtungen statt, wobei die sich unterhaltenden Gruppen in normaler Schrittgeschwindigkeit gehen können.

Regina Bendix führt in Ihrem Aufsatz[31] ein weniger drastisches Beispiel für den Wandel der Wichtigkeit der Sinne bei Ausfall an. Sie erwähnt die Einwohner der großen Tiefland-Regenwälder speziell in Neuguinea. „Dieses Habitat ist so dicht bewachsen, dass sich den Bewohnern eine Aussicht [...] auf Landschaft und Siedlung kaum bietet. Das Gehör ist dementsprechend sehr sensibel, und zwar nicht nur als Überlebensstrategie, sondern auch in ästhetischen Belangen."[32] So sei über das Gehör der sehgehemmten Einwohner eine wesentlich tiefere Wahrnehmung der Umgebung möglich als über das Auge. Der Tausch der Rangordnung der beiden „Fernsinne" ist perfekt.

Im Gegensatz zum Ausfall von Gehör und Gesichtssinn steht der Ausfall des Geruchs- und Geschmackssinns. Beide Sinne schwinden bei alternden Menschen zunehmend; so besitzen durchschnittliche 75-jährige meist nur noch etwa 10% der Anzahl der Geschmacksknospen, über die sie in ihrem 20. Lebensjahr verfügten[33]. Aber auch jüngere Menschen können vom Ausfall dieser „niederen" Sinne betroffen sein und möglicherweise über gar keinen Geruchssinn verfügen. Sie sind dann jedoch in keinem Bereich vom normalen sozialen Leben isoliert, sondern werden teils sogar als bevorteilt angesehen, weil sie schlechte Gerüche nicht wahrnehmen müssen[34].

---

[29] ENCARTA 2005 („Beethoven").
[30] Quelle dieser Informationen sind eigene Beobachtungen in Marburg im Juni 2006.
[31] BENDIX 1997.
[32] Ebd. 51.
[33] Quelle: WFI („Gustatorische Wahrnehmung")
[34] Quelle dieser Informationen sind eigene Erfahrungen mit entsprechenden Mitschülern aus der Schulzeit.

Dies deutet wieder auf die Stigmatisierung der niederen Sinne aufgrund ihrer Nähe zu den tierischen.

Ein Ausfall des Tastsinns resultiert in den meisten Fällen in Schmerzunempfindlichkeit. Dieser einzig zu erlebende Effekt ist häufig Thema von Spielfilmen[35] und scheint den davon betroffenen Bösewichten eher Vorteile zu verschaffen. In der Realität bewahrt der Schmerzsinn den Menschen vor Handlungen, die ihm physischen Schaden zufügen. In der zivilisierten Welt ist ein Verlust der Schmerzempfindlichkeit weniger gravierend, ein vollständiger Verlust des Tastsinns belastet dann stattdessen andere Sinne stärker, die die normalerweise ertasteten Gegenstände wahrnehmen müssen[36].

3.4. Hierarchisierung nach Anteil an der Wahrnehmung

Wie dargestellt wurde, müssen alle Sinne des Menschen und auch sinnesgestörter Menschen als eine Einheit funktionieren, um ein Bild von der Umwelt zu ermöglichen. Der Körper vereint alle fünf Sinne in sich, die den Raum wahrnehmen, in dem er sich befindet, und reagiert mittels seiner Reaktionspotenziale darauf. Es ist also nicht sinnvoll, die Sinne in eine Ordnung zu bringen, die ihrer Lage am Körper, ihrer Nützlichkeit für das Überleben oder auch ihrer Reichweite entspricht. Sollen die menschlichen Sinne in eine Reihenfolge gebracht werden, dann sollte an deren erster Stelle der Sinn stehen, der den quantitativ größten Anteil an der menschlichen Gesamtwahrnehmung hat.

Hier ist wiederum zu differenzieren, in welcher Situation sich ein Mensch befindet. Sitzt er in einem Hörsaal und hört einen Vortrag, läuft er morgens seine Fitness-Joggingrunde, befindet er sich bei der Nahrungsaufnahme oder ist er gerade mit seinem Partner zusammen, der aufgrund einer intimen Situation alle seine Sinne auf sich zieht? Beobachtet er gezielt seine Umgebung mit allen Sinnen, oder reagiert er nur auf das Nötigste? Sieht er das Schiff, das im Hafen an seinem Weg vor Anker liegt, oder nimmt er es nur wahr, wenn es sich ungewöhnlicherweise mitten auf einer Wiese befindet? Hinzu kommt der Einfluss der Kultur und der Umwelt auf die Wahrnehmung sowie die möglichen Behinderungen einiger Sinne durch äußere oder körpereigene Einflüsse; hier sei an die Beispiele der Regenwaldbewohner aus *Kap. 3.3.* und der mexikanischen Indianer am Ende von *Kap. 2* erinnert. Die genannten Fragen machen eine allgemeingültige Hierarchisierung fast unmöglich.

Selbst wenn es möglich ist, die reine Menge an aufgenommenen Informationen pro Sekunde und Sinn in einem Maß wie beispielsweise Bit situationsabhängig auszudrücken, sagt das nichts über

---

[35] z.B. einer jüngeren „Tatort"-Folge und „James Bond – Die Welt ist nicht genug"
[36] Man stelle sich eine Orange vor, deren Festigkeit vor dem Verzehr mittels Druck getestet wird, um ihr etwaiges Alter festzustellen. Ein Mensch mit ausgefallenem Tastsinn müsste beim Drücken genau auf seine Finger achten, um zu sehen, wie tief sie die Oberfläche der Orange verbeulen können, und um die Orange nicht zu *zer*drücken.

Qualität und Bewusstheit der Wahrnehmung aus. Das genannte Beispiel mit dem Schiff im Hafen und auf der Wiese zeigt, dass das Auge die gleiche Menge an Informationen aufnehmen kann, sie jedoch nur situationsabhängig auswertet. Dies ist der Grund für die autorabhängig so unterschiedliche Bewertung eines Sinnes. So bewertet Hartmut Böhme den Tastsinn, genauer die Berührung, als „leibliches Ereignis ersten Ranges"[37], während Robert Jütte den Tastsinn als den „extremste[n] Sinn" anspricht, „denn er rangiert häufig sowohl am Ende als auch an der Spitze der Wertskala"[38]. Ebenso argumentiert ein Autor in Thomas Vogels Arbeit für den Gehörsinn: „Wir alle wachsen, bis wir achtzehn oder neunzehn Jahre alt sind. Wir besitzen nur ein einziges Organ, das seine endgültige Größe erreicht, lange bevor wir geboren werden – unser Innenohr." – „Da ist also ein kleines Wesen, das hören will – mit einer Zielstrebigkeit, die die Wissenschaftler [...] verblüfft."[39] Dagegen setzt ein Autor des Buches „Welt auf tönernen Füßen": „Das Hören besetzt in dieser gesellschaftlichen Hierarchie der Sinne eine mittlere Stellung."[40] Grund sei das oft nur unbewusste Funktionieren dieses Sinnes, um beispielsweise eine Orientierung zu ermöglichen. Das Ohr nimmt Windgeräusche wahr und bestimmt somit die Richtung, in die eine Person läuft; ebenso handelt das Auge mit Lichtreflexen. Das Kniegelenk reagiert auf das Hintersteigen einer Treppe mit einem Abfangen des Körpers an jeder Stufe, sobald der Tastsinn des Fußes das Signal schickt, dass es gleich soweit sein wird. Sitzt man auf einem Stuhl, nimmt der Tastsinn diesen auch an Po und Rücken wahr – jedoch nicht gewollt und gezielt. Um eine Hierarchisierung der Sinne nach quantitativem Anteil an der Gesamtwahrnehmung vorzunehmen, ist es also notwendig, nur die bewusst und gezielt benutzten Sinne und tätigkeitsabhängig und -speziell ausgewerteten Informationen zu betrachten.

Gehen wir von der einfachsten Situation aus: ein Student in einem Hörsaal (siehe *Tab. 6*). Abhängig vom Dozenten steht die akustische oder visuelle Wahrnehmung an erster Stelle; in modernen Hörsälen, in denen Präsentationen vorgeführt werden, wird meist über das Auge zuerst wahrgenommen, während der Dozent die dargestellten Informationen nur mit Worten untermalt. Der Tastsinn ermöglicht dem Studenten eine Wahrnehmung und Handhabung seiner Schreibutensilien, während er über den Geruchssinn in der Lage ist, die Parfüms, Körpergerüche oder Zigarettenatemreste benachbarter Studenten wahrzunehmen. Sein Geschmackssinn wird nicht angesprochen.

---

[37] BÖHME 1996: 191.
[38] JÜTTE 2000: 81.
[39] VOGEL 1996: 70.
[40] KUNST- UND AUSSTELLUNGSHALLE DER BUNDESREPUBLIK DEUTSCHLAND 1994: 15.

1. Student im Hörsaal	
Sinn	**Merkmal**
Gesichtssinn	Konzentration auf
Gehörsinn	diese Sinne
Tastsinn	Notizen
Geruchssinn	Unfreiwillig
Geschmackssinn	Unbenutzt

2. Jogger	
Sinn	**Merkmal**
Tastsinn	Entspannung
Geruchssinn	Frische Luft
Gesichtssinn	Weg, Landschaft
Gehörsinn	Unfreiwillig
Geschmackssinn	Unbenutzt

Tab. 6: Sinneshierarchien nach quantitativem Anteil an der Gesamtwahrnehmung

Ganz anders ist die Wahrnehmung eines Joggers (siehe *Tab. 6*). Auch hier hängt die Wahrnehmung von dessen Motivation ab, zu laufen. Wünscht er sich nach einem Arbeitstag abends etwas Entspannung, liegt sein Fokus auf dem Tastsinn, der hier synonym für die ganzkörperliche Wahrnehmung der Anstrengung steht. Läuft er morgens früh, mag er vielleicht eher die noch kühle frische Morgenluft oder die erwachende Landschaft. Auch bei ihm wird der Geschmackssinn nicht angesprochen.

Als weiteres Beispiel sei eine Person dargestellt, die sich gerade beim Essen befindet (siehe *Tab. 7*). Bei ihr geschieht die meiste Wahrnehmung über Geschmacks- und Geruchssinn, die in diesem Fall eng kooperieren. Entsprechend dem Sprichwort „Das Auge isst mit" kann an dritte Stelle der Gesichtssinn gesetzt werden, sofern der Kulturkreis des Essers nicht vorgibt, mit den Fingern zu essen, was den Tastsinn an dritte Stelle setzen würde. Dieser folgt in der europäischen Kultur deshalb, weil man Besteck in der Hand hält und dem Tastsinn lässt sich möglicherweise auch das Gefühl des sich füllenden Magens zuschreiben. Der Gehörsinn findet bei der Nahrungsaufnahme in europäischer Kultur nur passive Anwendung, kann woanders auf dem Doppelkontinent allerdings zur Wahrnehmung von Rülpslauten u.ä. Geräuschen der Mitessenden genutzt werden, die damit ihren Gefallen am Essen bekunden. Das Beispiel des essenden Menschen lässt sich für viele Arten der Betätigung beliebig modifizieren. Ein Musikliebhaber, der im Sessel vor seiner Audioanlage sitzt und Musik hört, nimmt selbstverständlich mehr über die Ohren wahr als über die Zunge. Bei einem gerade malenden Künstler verhält es sich wieder anders.

3. Mensch beim Essen	
Sinn	Merkmal
Geschmackssinn, Geruchssinn	Kooperation
Gesichtssinn	Beurteilung
Tastsinn	Besteck, Berührung
Gehörsinn	Passiv/Unbenutzt

4. Partner	
Sinn	Merkmal
Tastsinn	Sich spüren
Gesichtssinn	Sich sehen
Geschmackssinn	z.B. Küsse
Geruchssinn	z.B. Körpergerüche
Gehörsinn	z.B. Gespräche

Tab. 7: Sinneshierarchien nach quantitativem Anteil an der Gesamtwahrnehmung

Um die Variabilität der Hierarchisierung nach Anteil an der Wahrnehmung aufzuzeigen, stellen wir uns zuletzt eine Situation zwischen zwei Partnern vor (siehe *Tab. 7*). Je nach Tätigkeit nehmen diese sich gegenseitig in völlig verschiedener Weise wahr und sprechen dabei alle Sinne an. So liegt meist der Tastsinn an erster Stelle, dicht gefolgt vom Gesichts- oder auch vom Geschmackssinn. Es ist auch denkbar, dass eine große Anzahl an Informationen über die Nase und die Ohren wahrgenommen wird.

4. Fazit

Ziel der in *Kap. 3.4.* dargestellten vorgenommenen Sinneshierarchie nach quantitativem Anteil an der Gesamtwahrnehmung war die Bewusstmachung, dass eine endgültige Hierarchie nicht vorgenommen werden kann. Selbst bei gezielter Auswahl einer Situation entscheiden letztendlich die Spezifik der Situation und des jeweiligen Menschen sowie der umgebende Kulturkreis über die Stellung der Sinne (z.B. Mensch beim Essen: Tastsinn vor dem Gesichtssinn in beispielsweise arabischen Kulturen?). Ziel der vorhergehenden Kapitel war die Sensibilisierung für die historische Problematik, die Sinne in ein System zu bringen oder auch nur in niedere und höhere Sinne aufzuspalten. Dies zu versuchen, verweist mehr auf einen begrenzten kulturellen Horizont oder geringen wissenschaftlichen Wissensstand des Ausführenden – oder auf seine Spezialisierung auf einen ganz bestimmten Kulturraum. Die entsprechende Bewertung aller historisch gegebenen Hierarchisierungsansätze wurde im jeweiligen Abschnitt dieser Arbeit vorgenommen.

Die final herausgearbeitete Hierarchie der Sinne nach Anteil an der Wahrnehmung trägt diesem Problem damit Rechnung, dass sie keine endgültige Lösung anbietet, sondern sich je nach Situation unterscheidet. Sie begeht aber nicht die Fehler vorangegangener Versuche, die Sinne derart aufzuspalten, dass man einige von ihnen als weniger wichtig als andere bezeichnet. Es wurde

gezeigt, dass die Bezeichnung „Niederer Sinn" nur in lokalem Rahmen eingesetzt werden kann und auch zeitlich durch Entwicklungsprozesse der Sinneshierarchie begrenzt wird. Entscheidend ist auch nicht der evolutive Fortschritt der betroffenen Sinnesorgane oder deren Kapazität, Informationen zu verarbeiten. Die Lehre aus biologischen und kulturellen Erkenntnissen lautet stattdessen, dass die Sinne eine Einheit bilden, die räumlich im Körper vertreten ist. Eine Hierarchisierung macht auch aufgrund der nicht definitiv festzustellenden Anzahl der Sinne wenig Sinn, so dass die Hierarchie nach Anteil an der Wahrnehmung als fast schon mathematisch lösbare Aufgabe die beste Alternative bietet. Genau genommen haben schon Plato und Aristoteles diese Vorgehensweise vertreten, indem sie zum Beispiel den Augen den ersten Platz attestierten, weil „der Erkenntniswert der Wahrnehmung"[41] beim Sehen am höchsten sei. Der Unterschied besteht in den heute anderen menschlichen Tätigkeiten und Aufmerksamkeiten als zu Platos und Aristoteles' Zeiten, nach denen sich die Ordnung der Sinne stets richtet.

---

[41] JÜTTE 2000: 75.

Literaturverzeichnis

BENDIX, R. (1997): *Symbols and Sound, Senses and Sentiment: Notizen zu einer Ethnographie des (Zu-)Hörens*. In: BREDNICH, R.-W., SCHMITT, H. (Hrsg.): *Symbole. Zur Bedeutung der Zeichen in der Kultur*. Münster: 42-57.

BÖHME, H. (1996): *Der Tastsinn im Gefüge der Sinne. Anthropologische und historische Ansichten vorsprachlicher Aisthesis*. In: KUNST- UND AUSSTELLUNGSHALLE DER BUNDESREPUBLIK DEUTSCHLAND (Hrsg.): *Tasten. Schriftenreihe Forum, Band 7*. Göttingen: 185-211.

GEGENFURTNER K.-G. (2004): *Gehirn & Wahrnehmung. 2. Auflage*. Frankfurt a.M.

JÜTTE, R. (2000): *Geschichte der Sinne. Von der Antike bis zum Cyberspace*. München.

KUNST- UND AUSSTELLUNGSHALLE DER BUNDESREPUBLIK DEUTSCHLAND (Hrsg.) (1994): *Welt auf tönernen Füßen. Die Töne und das Hören. Schriftenreihe Forum Band 2*. Göttingen.

KUNST- UND AUSSTELLUNGSHALLE DER BUNDESREPUBLIK DEUTSCHLAND (Hrsg.) (1995): *Das Riechen. Von Nasen, Düften und Gestank*. Göttingen.

NIEBUHR, H. (2005): Tagesexkursion zur Stadtentwicklung Stuttgarts am 28.10.2005. Geographisches Institut der Universität Tübingen.

ROSNER, H.-J. (2004): Proseminar Klimatologie, u.a. mit Einführung zu Präsentationstechniken. Geographischen Institut der Universität Tübingen.

SCHMIDT, R.-F., SCHAIBLE, H.-G. (Hrsg.) (2006): *Neuro- und Sinnesphysiologie. 5. Auflage*. Berlin.

TUAN, Y.-F. (1995): *Passing Strange and Wonderful: Aesthetics, Nature, Culture*. New York.

VOGEL, T. (Hrsg.) (1996): *Über das Hören. Einem Phänomen auf der Spur*. Tübingen.

Internet (Verfügbar zum 28.4.2006)

http://news-info.wustl.edu/news/page/normal/4767.html

Sonstige Quellenangaben

ENCARTA 2005: MICROSOFT ENCARTA Enzyklopädie Professional 2005.

REFERAT: Das Referat zur Hierarchie der Sinne am 13.6.2006 im Seminar „Niedere Sinne" (Seminarleiter: Prof. Dr. Korff). Hier wird sich v.a. auf das Handout bezogen.

WFI ( ): WIKIMEDIA FOUNDATION INC., frei verwendbare Enzyklopädie. Abrufbar im Internet unter http://de.wikipedia.org/wiki/ und dem angegebenen Begriff.

Lightning Source UK Ltd.
Milton Keynes UK
UKHW010639230721
387648UK00002B/415